AF286521

Durch dein Schweigen

Impressum
Copyright: © 2013,
Renate Maria Riehemann

Herstellung und Verlag:
BoD - Books on Demand, Norderstedt
www.bod.de

ISBN: 9783844802726

Vierzig Gedichte

Band 2

Durch dein Schweigen

Gedichte vom Verblühen der Liebe

von
Renate Maria Riehemann

Zur Auswahl der Gedichte

.

Der vorliegende Band wendet
den Blick auf die Dornen der
Liebesbeziehung, auf Zweifel,
Angst vor Verlust oder auch
Veränderung, auf das Erken-
nen des nahenden Endes der
Liebe, auf tiefes Liebesleid
und unglückliche Sehnsucht.

Dem Erblühen der Liebe bis
zur vollen Blüte wird in Band
1 dieser Reihe der gebühren-
de Platz zugestanden

Renate Maria Riehemann
Januar 2013

*Erinnerungen
an gestern*

*sind Melodien
von heute*

Wandelbar

Vogelschrei am kalten Himmel
Eis um mich herum
Glitzernder Abend
Kalte Sonne
Ein Fühlen stirbt in mir

Zitternde Hände
berühren
halten ein
küssen zaghaft
mein Fühlen und mich

Am Ende die Nacht
halb schon wankend
sich sterbend auf mich legt
Mein müdes Lager wärmt
ein letzter Schrei

Beenden

Ich locke die Nacht
mit alternden Wünschen
Sehnsüchte zerschellen
am Feuer der Gedanken

Lass mir im Dunkel
unsere Farben erblühen
Schillernder Abgrund am
Morgen

Kühles Erwachen ohne dich
und Müdigkeit danach
Ich bade meine Wünsche
in den Tränen von gestern

Mein Tag beginnt
und es endet ein Leben
Blühender Morgen am
Abgrund

Du kannst nicht bleiben

Ich sehne mich nach dir
Nach dir sehne ich mich
Komm
Rufe ich dich
Komm

Doch stumm
halte ich aus
trage die Sehnsucht
die mir schwer wird
für dich

Komm
formen stumme Lippen
und
ganz leise
Du kannst nicht bleiben

Nachts

In den Armen der Sehnsucht
ersticken
in sternklarer Nacht

Wünsche des blutenden
Abendrots
sterben
gebettet in Dunkelheit

Träume verwoben mit deinen
ruhen
auf dem schwachen Glanz
unseres Sterns

Nur wenige Momente fließen
Seelen erwachen
vom fordernden Kuss langer
Schatten

Blutend

Nichts
Kein Anruf
Kein Brief
Nichts

Nur
Gewissheit
dass es zerschnitten ist
noch blutend
liegt es
zwischen uns

Durch dein Schweigen

Du schweigst
mich an
und beständig
greifst du
was ich dir gebe
und mich
begierig auf

Du nimmst
mit deinem Schweigen
von mir
und meine Freiheit
dir zu antworten
begeistert zu sein
von deinen Ideen
und dir

Du lebst allein
in dir
und deinen Welten
die durch dein Schweigen
nicht meine sind
und nicht zu teilen
mit mir

Verschlossen

Ich ahne
unklar
durch geschwollene Lider
dein Ich
dein Mund verschlossen

Ich berühre
langsam
mit müden Schritten
dein Ich
mein Mund verschlossen

Ich halte
ganz fest
mit zitternden Händen
mein Ich
so nah am Abgrund

Es kennt den Weg

Folge deinem Herzen
es kennt den Weg

Und steht
einsam bisweilen

Bedrückt
unter dem Alltag

Stimmungen
liegen am Boden

Es geht
und muss vorbei

Wozu aufheben
was untragbar

Flügel der Nacht

Wenn die Nacht fliegen könnte,
sie flöge zu dir.
Ich zählte die Zeit doppelt.
Keinen Moment zu
verschenken.
Mein Glück bei dir.
Wenn sie fliegen könnte,
unsere Nacht,
ich riefe sie zurück,
schon gestern.

Wenn die Nacht Flügel hätte,
wir würden sie teilen, du und
ich.
Im Gleichklang unserer Nacht
trügen wir uns gegenseitig,
teilten die Bewegungen,
die deine und meine wären,
die Dunkelheit, die Liebe.
In unserer Nacht
verschenkten wir Flügel.

Wenn die Nacht Flügel hätte,
sie trüge uns und unsere Tage
ganz leicht. Ganz leicht
bräche sie die Dämmerung,
küsste den Morgennebel.
Unsere Nacht. Sie trüge uns
von Stern zu Stern.
Und nur Momente
begleiteten uns.

Wenn die Nacht Flügel hätte,
sie hätte gestern schon
begonnen
und kennte keine Orte.
Wenn die Nacht Flügel hätte,
sie hätte dich umfangen
gestern,
sich sanft um mich gelegt.
Wenn unsere Nacht Flügel
hätte,

sie hätte uns getragen gestern
und unsere Liebe.

Wenn die Nacht Flügel hätte,
sie hätte alles Liebesleid
davongetragen Stück für
Stück.
Sie wäre meine Nacht
geworden.
Ich hätte sie um mich gelegt,
mich zu beschützen,
mich satt zu trinken an ihren
Farben.
Sie wäre leicht gewesen
unsere Nacht.

Verlieren

Ich habe Angst
mich zu verlieren
in der Zuversicht
vergangener Tage
in der Hoffnung
abgebrochener Träume

Meine Rosen vertrocknet
ich zerdrücke ihre Blätter
zwischen den Fingern

Es betäubt mich ein Duft
ich habe Angst
dich zu verlieren

Angst mich zu verlieren

Ich habe Angst
mich zu verlieren
in den Nächten
voll Sehnsucht
in den Stunden
voll Hoffnung
in deinen Worten
voll Zuversicht

Ich habe Angst
mich wiederzufinden
auf schmalen Pfaden
in kalten Nischen
zwischen mühsam
erbauten Mauern
aus handverlesenen Steinen

Ich suche mich
in deinen Augen
in deinen Armen
in dir

und finde mich
verwundbar nun
gebrandmarkt jetzt
von deiner Liebe
und eins mit ihr

Ich habe Angst
mich zu verlieren
in der Unendlichkeit
meiner Wünsche
in dir

Du gehst

Du gehst
und nimmst mich mit
meine Gedanken
meine Liebe
Hohl der Rest
Löchern der Umhang
Kühler Körper

Du gehst
Und ich gehe mit dir
in meinen Wünschen
in meinen Träumen
Und sehe doch
jetzt
wie du weinst

Je nachdem

Die wortlose Liebe
braucht keine Worte

Sie ist eben erst
zur Welt gekommen
oder gestorben

Warum

Warum jagt ihr
Vernunft und Sehnsucht
in stetem Kampf
ohne Chancen
um meine Seele

Warum zerren
an meinen Federn
so viele Hände
sie zu berühren
und zu entreißen

Einsamkeit
mein Schutz
umhüllte Gedanken
mein Wollen
ganz für mich allein

Versteckspiel

Gedanken an dich
ein stilles Weinen
in dir und mir
vertreibt die Sehnsucht

Gedanken an dich
berührt von Trauer
über die Zeit
beschwert ihre Schleppe

Gedanken an dich
in Formen gepresst
fest verschnürt
quälen den Tag

Gedanken an dich
trinken die Tränen
Salz unseres Fühlens
ruhen in dir

Ahnung

Du schaust mich an
Momente
Eine Ahnung von Glück
Ganz unverhofft
und drängend
strahlt es mich an
aus wissenden Augen

Du nimmst mich und
hältst mich ganz fest
Meine Wünsche
voll Liebe und Sehnsucht
wachsen in deinen Händen
Wo bleibt die Zeit
sie zu betrachten

Meine Haut eine Landschaft
noch warm und feucht
In ihrem Zittern hält sie
das Toben des Sturmes
und den Nebel der Nacht
Poren öffnen sich
für den Tau des Morgens

Es wächst mit der Liebe
der Tag heran
Wir leben hindurch
Wir leben
und ahnen zu früh schon
die einsame Kälte
einer letzten Nacht

Brich mit deinem Tag

Schrei und halt ihn
und brich mit deinem Tag
ein Stück aus meinen Flügeln
Stück um Stück
Dies war meine liebste Feder
Flutender Morgen am Rande

Wallende Hitze
versengt mein Gefieder
Mir scheint im Licht
ein flammender Tag

In deinen Farben
leuchtet die Nacht
In meiner Dunkelheit
ersticken die Schreie
Kalte Küsse am Morgen
bedecken den Tag

Mir bleibt ein Rest
zu viel ihn zu pflegen
bis zum Schluss am Abend
morsches Gestein zerfällt

Schrei und halt ihn
und brich mit deinem Tag

Hin und her 1

Haltlos
auf dem Sprung
steter Wandel
hin und her

Mitnehmen und geben
schwer bepackt
meine Lasten
eure Gaben

Allein
unterwegs
zu wechselnden Zielen
zu dir und euch

Tanzen und fallen
mit schwerer Last
das eine und das andere
bleibt auf der Strecke

Hin und her 2

Warum
nimmst du mich
einfach so
so wie ich bin

Warum
nimmst du von mir
einfach so
alles hin

Schrei doch
tob doch
Zwing mich endlich
zu entscheiden

Ich liebe dich
und liebe sie
Nur mich selbst
mag ich nicht leiden

Der Grund

Deine Stimme liebe ich
wenn du fröhlich bist
und auch dein Pfeifen
zwischendurch

Deine Augen liebe ich
wenn sie gleich lächeln wollen
und auch deinen Blick auf
mich

Deine Beine liebe ich
wie sie zum Himmel ragen
und auch den Klang deiner
Schritte

Deine Hände liebe ich
wenn sie mich wollen
und auch die Kraft darin

Deine Kälte fürchte ich
wenn ich alleine bin
und die Einsamkeit danach

Beenden

Ich locke die Nacht
mit alternden Wünschen
Sehnsüchte zerschellen
am Feuer der Gedanken

Lass mir im Dunkel
unsere Farben erblühen
Schillernder Abgrund am
Morgen

Kühles Erwachen ohne dich
und Müdigkeit danach
Ich bade meine Wünsche
in den Tränen von gestern

Mein Tag beginnt
und es endet ein Leben
Blühender Morgen am
Abgrund

Liebesleben

Die Welt wird klein
und Seelen nahen sich
Möglichkeiten
werden wahr
Wirklichkeiten
wollen verschwimmen
Jeder Tag
ist wunderbar

Doch langsam
will der Alltag wachsen
gesellt sich
unbemerkt hinzu
Lässt kalte Tage
kürzer werden
schickt junge Liebe
früh zur Ruh

Alles hat seine Zeit

Alles hat seine Zeit
auch du

Auch du
hast deine Zeit
jetzt

Hast meine Zeit
meine Gedanken
meine Gefühle
hast mich
jetzt

Du
hast deine Zeit
jetzt

nicht mehr

Wider Willen

Festhalten
an den Zweigen der Nacht
Gebrochene Träume
schwingen haltlos
im kalten Wind

Schlaftrunken
Zerrissen
Geteilt
Sorgsam zerlegt dein Verstand
Mein und Dein
Gut und Böse
Schuld und Leiden
Er weiß zu wägen

Ängstlich
Vorsorglich
Wider Willen
Mühsam nur wecke ich
meinen Schatten

Ich küsse ihn wach
und streichel ihn sanft
mit warmen Gefühlen

Du hältst sie zu lang
die Zweige der Nacht
Du brichst ihre Träume
die auch meine waren
gestern noch

Abschied von deinen Händen

Hände.
Fremde Hände jetzt,
liegen stumm,
verweigern die Berührung.

Die Kraft zu nehmen,
der Wunsch zu halten,
lässt sie erstarren
in Sprachlosigkeit.

Unter meinem Streicheln
kein Wollen mehr.
Traurigkeit lähmt
dich und mich.

Unsere Hände,
nebeneinander mühevoll.
In ihren Poren
lacht noch die letzte
Berührung.

Ich gehe ohne Antwort,
schau nicht zurück.
Warum suche ich jetzt schon
dein letztes Lachen?

Gleichschritt nicht

Vier Füße
Schritt für Schritt
nicht nicht

finden die Richtung nicht
die gemeinsame
suchen suchen

Vier Füße suchen
auf moorigem Grund
den beherzten Griff
ihrer Mutter

Zwei Herzen
ertragen die Trübsal nicht
nicht nicht

tanzen zusammen nicht
auf dem weißen Licht
hoffen hoffen

Am Abgrund hoffen
zerrissene Leben
sich festzuhalten
im Fall

Vier Hände
fühlen einander nicht
nicht nicht

finden einander nicht
suchen suchen

Vier Hände suchen
die Farbe des Mondes
die Wärme der Mutter
einander

Distanz

Sehen und blind sein,
hören und taub sein,
berühren und nicht fühlen,
zusammen nicht eins sein.
Gedanken nicht leben zu zweit.
Empfindsam sein
und es nicht wollen.

Eine Wand aus Glas
wächst aus greisen Schritten
langer Tage,
funkelt nicht
im weißen Sonnenlicht.

Hände haben Angst
vor Berührung,
vor dem Schrei des
Zusammenzuckens,
vor den Disteln der Wüste.

Hände wollen einsam sein,
wollen sich verstecken,
wollen sich wärmen,
wollen zerfließen
im warmen Strom.

Zwischen Sternen
wächst die Nacht,
trennt sie.

Zwischen uns
mehren sich Worte,
überhäufen,
erdrücken,
verdecken das Glas,
verbergen die Wand
und uns.

Immer kleiner werden.

Nichts mehr sehen.
Dich nicht mehr sehen.
Du ein Punkt,
wie ich.
Ich ein Sandkorn der Wüste,
wie du.

Wir beide
zu trocken
aneinander zu wachsen,
zu trocken
wachsen zu lassen,
zu trocken
Leben zu geben.

Ausverkauf

Zähe Bande ziehen zerren
halten mich abgrundtief
und einsam in den Grotten
früh verkaufter Gefühle

Ausstellungen Bilder Worte
meiner Zeit auch meiner Welt
mein müde schillerndes
Mosaik
aus handverlesenen Steinen

Mit mir bin ich im Ausverkauf
bleibe stehen und schaue jetzt
zaghaft zwar doch immer
wieder
mich zu lösen

Dennoch

Pass auf,
es regnet der Alltag
in dein Haus.

Er tropft durch alle Ritzen.
Er schleicht sich
in den Geruch
des noch gemeinsam
bereiteten Essens,
in das noch schnell
gesprochene Wort.
Zum Schluss
in die Gedanken von gestern.

Es kriecht der Alltag in dein
Haus.
Er schlüpft unter die
gemeinsame Zudecke,
die eben noch wärmte.
Deine und meine Hälfte jetzt,
angefüllt mit Worten.

Verharren

Ich habe Angst
vor zu großen Schritten
die doch meine sind

Ich habe Angst
den letzten Fußstapfen
nicht wiederzufinden
im Dunkeln

Ich habe Angst
dass mir der Boden fällt
und ich verharre
halb im Gehen

Ich habe Angst
vor dem letzten Schritt
und
vor dcr Reue

Angst zu lieben

Ich habe Angst
zu lieben.

Weiß ich denn
um die Wahrhaftigkeit
meiner Gefühle?

Weiß ich denn
um die Beständigkeit
meiner Wünsche?

Weiß ich denn
um den Hauch von Fantasie,
der mich begleitet
bis jetzt?

Ich habe Angst
dich
zu lieben.

Zu viel

Da ist etwas
ganz fürchterlich
gemeinsames
bei uns.

Du spürst es nicht,
doch mich
lacht es an,
sobald ich dich sehe.

Bei allem
was wir tun.
Darum ist es besser,
wenn ich jetzt gehe

Liebesleid

Dein Liebster,
Liebes,
liebt dich nicht.

Dein Liebster,
Liebes,
kann nicht lieben.

Dein Liebster,
Liebes,
liebt nicht dich.

Dein Liebster,
Liebes,
will nicht lieben.

Ein Kuss

Nur ein Kuss
kein flüchtiger
nur auf die Wange
selbstverständlich

Wenn jenes
nicht wäre
sagt er
und es ist aber
dann wäre dieses
und es wird nicht sein

Danke für diesen Kuss
der ehrlich ist
sage ich und
bis bald

Abschiedsschmerz

Ich geh am frühen Morgen
alleine in den Wald,
in Trauer ganz versunken,
ist mir nicht warm nicht kalt.

Tau hängt an den Zweigen,
ruht auf jungem Gras.
Meine müden Augen
sind vom Weinen nass.

Tränen und Gedanken
mischen sich zum Tau.
Junge Morgenröte
scheint heut grau in grau.

Erst langsam meine Schritte,
gar nicht wohlbedacht.
Jetzt spüre ich, ich renne,
jetzt bin ich erwacht.

Ich will jetzt zu mir kommen,
mich streichelt kühle Luft.
hier draußen ganz alleine
genieß ich ihren Duft.

Erschöpft küss ich die Erde,
den Himmel über mir,
und wünsch mir selbst zum
Trotze,
du wärest jetzt bei mir.

Es bleibt die Zeit nicht stehen,
sie rinnt mir durch die Hand.
Wann kann ich endlich sagen:
Ich habe dich gekannt...

Eisblumen

Es streift die Unbedachte
ein Gefühl
ganz zart

In ihrer Hand das Glas
zerspringt
Zuflucht in fremden Augen
und niemand
sprach von Liebe

Lasst sie die Wärme spüren
aus der Entfernung
doch zeigt die Eisblumen nicht

Es berührt die Landschaft
ein warmer Wind
ganz unbedacht

In ihrer Hand ein Glas
zerspringt
Scherben

ein Märchen
ein Leben
und niemand sprach von Liebe

Zärtlichkeit
umfasst sie
mit schneidenden Worten

Auf Scherben
wachsen die Eisblumen nicht
und suchen Zuflucht
in fremden Augen

Traum

Mit den Gefährten der Nacht
zerhackt mein Traum
des Tages Licht und Schwere
mischt gründlich
immer wieder voll Angst
mein Wollen und Sein

Es paaren sich
ganz ungeniert
das Lied der Drossel
und der Schrei der Eule
im Licht des Mondes
unserer Nacht

Der Tanz der Kinder
ein paar Tage nur
Er dauert nicht
und stirbt
erschöpft
zu meinen Füßen
unerkannt

Ich tanze mit
und biete mein Salz
mir an und
dem ungeborenen Tag
ihn einzustimmen
zum Kampf

Fragen

Du fragst
ob ich
allein sein will

Ich sage dir
es ist nicht nötig
wenn ich
auch mit dir

bisweilen
allein sein kann

immer
ich selbst sein kann

nie
etwas verspreche
das ich vielleicht
nicht halten kann

Du fragst
ob ich
dich liebe

Ich antworte
Dir
Ja

dann
kann ich
dich lieben

solange es geht

Vernunft

Ich schreibe auf
was ich fühle
wenn ich an dich denke
und
was ich denke
wenn ich dich fühle

Dabei wird mir klar
dass ich deine Worte
zurückgeben muss
wenn
meine Vernunft
ihren Platz behalten soll

Jahreszeiten der Liebe

Noch kühle Erde umhüllt
meine Blume zaghaft suchend
wächst warmem Licht
entgegen

Im eigenen Schweiße trocknet
das Salz umhüllt von der
Dunkelheit sonniger Tage

Kühler Herbstwind streichelt
zwei Seelen sanft liebend
die Schönheit vertrockneter
Blüten

Eisregen liebkost einen
kostbaren Schatz sich
wärmend an der Zuflucht in
frcmdcn Händen

Erinnerungen sind die

Melodien von heute.

Morgen erklingen

neue Töne.

Inhaltsverzeichnis

Vierzig Gedichte

Band 1 bis 5

Band 1

Meine Rose heißt wie du

Gedichte vom Erblühen
der Liebe

ISBN 9783848263097

Band 2

Durch dein Schweigen

Gedichte vom Verblühen
der Liebe

ISBN 9783844802726

Band 3

Zeit schrumpft mühsam

Gedichte um Trauer und Abschied

ISBN 9783848259618

Band 4

Dreh dich nicht um

Gedichte vom Glück und vom Leben

ISBN 9783848259656

Band 5

Mäntel um unsere Wünsche

Gedichte vom Kampf um die Liebe

ISBN 9783848259670